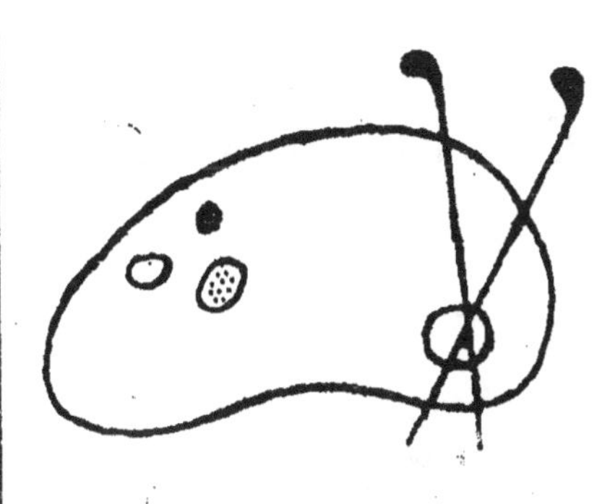

Début d'une série de documents
en couleur

PETITE BIBLIOTHÈQUE DU CHERCHEUR

LA QUESTION SOCIALE

par

CH. SECRÉTAN

LAUSANNE

ARTHUR IMER ÉDITEUR,
Belles-Roches.

LIBRAIRIE F. PAYOT,
Rue de Bourg, 1.

PETITE BIBLIOTHÈQUE DU CHERCHEUR

Volumes parus :

1. **La Foi,** par J. Bovon.
2. **Théologie et religion,** par Ch. Secrétan.
3. **La Création et l'évolution.** L'homme préhistorique, par E. Doumergue.
4. **Le monde invisible,** par A. Glardon.
5. **Vivre ! vaut-il la peine de vivre ?** par Ph. Bridel.
6. **Dieu dans la création,** par J. Bastide.
7. **La matière et l'esprit** (Les Problèmes de la vie morale), par Aloys Berthoud.
8. **Les bases de la morale évolutionniste** d'après Herbert Spencer, par Ph. Bridel.
9. **La question sociale,** par Charles Secrétan.

En préparation :

L'idée de miracle et la physique moderne, par Henri Dufour.

Imp. Georges Bridel

PETITE

BIBLIOTHÈQUE DU CHERCHEUR

fondée et dirigée par A. Imer-Cuno, à Lausanne.

Collection de volumes in-32
traitant des questions scientifiques, morales et religieuses.

Prix du volume : broché, 60 cent.; cartonné toile, 1 fr.

Abonnement par série de six livraisons

Prix : **3** fr. pour la Suisse.
3 fr. **60** pour les pays de l'Union postale.

L'abonnement commence et cesse à volonté, sans toutefois comprendre moins de six livraisons.

Toutes les communications destinées à la *Petite bibliothèque du chercheur*, ainsi que les demandes d'abonnement, doivent être adressées *franco* à M. A. Imer-Cuno, Belles-Roches, à Lausanne.

Pour les abonnements et la vente en France, s'adresser exclusivement à la *Librairie Paul Monnerat*, 48, rue de Lille, à Paris.

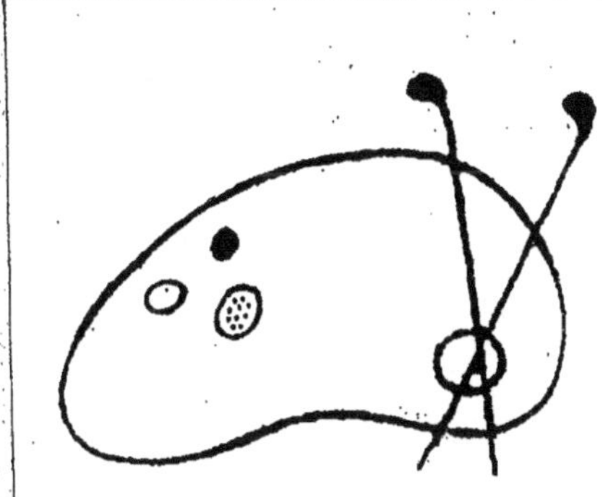

Fin d'une série de documents
en couleur

LA QUESTION SOCIALE

Lausanne. — Imp. Georges Bridel.

PETITE BIBLIOTHÈQUE DU CHERCHEUR

LA QUESTION SOCIALE

par

CH. SECRÉTAN

LAUSANNE
Arthur Imer, éditeur.
1886

LA QUESTION SOCIALE

I

La réalisation d'une idée politique ne saurait être le but du grand nombre. La première question pour lui, c'est de vivre ; la seconde, c'est de bien vivre. Toujours restreint dans ses jouissances, souffrant fréquemment du besoin, anxieux de l'avenir, il ne saurait attacher un prix sérieux au droit de voter qu'avec l'espoir d'en tirer parti pour améliorer sa condition matérielle. Le suffrage universel est un legs de 1848 ; le flot du socialisme qui fit irruption dans cette mémorable année l'a planté comme un gage de son retour. Il ne s'explique que par son histoire, car l'égalité des droits et l'inégalité des apports ne s'entendent pas et ne sauraient se mettre en équilibre. Vraiment politique en ses visées, la première révolution, la grande, avait été conçue par des gens à l'aise, elle est l'œuvre de ceux qu'on nommait le tiers et qu'on appelle aujourd'hui la bourgeoisie. Un grand nombre de personnages qui lui servirent d'instruments y cherchèrent la satisfaction de leur cupidité, la masse ne s'y rallia que lorsque la facilité d'acquérir les propriétés confisquées lui eut imprimé le caractère d'une révolution économique dans un sens égalitaire, et c'est à ce côté profitable de la révolution que s'est attaché le peuple français. Le succès de l'empire a montré le cas qu'il faisait du reste. On trouverait des exemples semblables un peu partout.

Ainsi la question sociale : supprimer les classes ou les satisfaire toutes, assurer une existence matérielle tolérable à quiconque n'a pas absolument démérité, prend nécessairement la première place avec l'avènement de la démocratie, les diversions ne sauraient être que des palliatifs momentanés, et la répression n'est plus possible. Car ce n'est ni d'émeute ni de pillage que nous voulons parler, l'émeute et le pillage sont l'œuvre de gens trop pressés. Mais il est manifestement impossible que la classe la plus nombreuse n'arrive pas en peu de temps à se rendre compte de la force irrésistible dont elle dispose par le suffrage. Il est impossible que, sachant ce qu'elle veut, elle n'en vienne pas à choisir pour mandataires des hommes animés du même désir, dût-elle à cet effet les tirer en majorité de son propre sein. Pièce à pièce ou dans son ensemble, il est impossible que la question sociale ne se pose pas devant des assemblées résolues à la trancher dans un sens conforme aux vœux populaires. Mais il est à craindre que ces efforts ne tournent à contre-fin; le problème social ne paraît pas comporter de solution législative.

Si l'on demandait comment la démocratie peut s'accorder avec cette condition du bonheur et de la dignité des individus, ressort de l'initiative et du progrès, avec la liberté personnelle, on arriverait bientôt à se convaincre que la démocratie ne possède pas de contrepoids propre à balancer le pouvoir du nombre, de sorte qu'elle ne saurait se concilier avec la civilisation qu'en apprenant à s'arrêter elle-même devant les droits de l'individu, par l'effet d'une éducation morale, œuvre de la volonté sur la volonté, dans l'intimité des consciences. On verrait ainsi que le problème politique posé par la démocratie n'est susceptible d'aucune solution politique, et se transforme en question morale [1]. Ici l'on demande quelle organisation du travail et de la consommation pourrait assurer le bien-être universel, et déjà nous pressentons que le problème est insoluble.

Il ne s'agit point, en effet, de distribuer une quantité donnée. Les biens à partager sont produits au fur et à mesure par un travail qui, pour répondre à des besoins toujours croissants, exige un énergique effort des bras et de l'intelligence, tandis que cette en-

[1] Cette idée est développée dans un précédent chapitre du livre en préparation auquel est emprunté le présent numéro de la *Bibliothèque du chercheur*.

tière sécurité du travailleur qui paraît justement si désirable paralyserait ou tout au moins affaiblirait infailliblement le seul mobile dont on puisse attendre un tel effort. Elle tendrait donc naturellement à faire baisser le produit total, qui suffit à peine, ou plutôt qui ne suffit pas. Et si l'on en venait, en désespoir de cause, à remplacer la contrainte interne du besoin par la contrainte extérieure, alors on serait plus loin que jamais du but poursuivi, puisqu'en supprimant la liberté l'on aurait ôté à chacun ce qui donne un prix quelconque à l'existence. Lorsqu'il s'agit d'effectuer des créations ou des réformes, il n'est absolument pas permis de séparer le problème économique du problème politique, chacun d'eux n'étant qu'un côté d'un seul et même problème, le problème social, lequel à son tour n'est qu'une face du problème de l'humanité. La question n'est pas simplement d'assurer au travailleur la pitance du lendemain, quoique, restreinte à ces termes, la tâche fût déjà bien lourde ; il s'agirait de lui préparer un sort digne d'un être raisonnable et qui lui permît d'accomplir sa destination ; le moindre effort entrepris dans ce but mérite notre gratitude, le moindre pas de ce côté doit être salué comme une victoire, mais s'écarter de ce but si peu que ce soit serait aller en perdition.

II

Ne songeant qu'au plus pressé, au repos dont ils ont besoin, à leur nourriture, qu'ils voudraient meilleure, peut-être aussi, nous le craignons, au plaisir d'abaisser ceux dont le sort est pour eux un objet d'envie, les soldats de l'armée socialiste font trop souvent bon marché de leur liberté. Communisme, collectivisme, ces combinaisons par lesquelles on cherche à éviter le conflit entre l'ouvrier qui veut obtenir de son travail le plus haut prix possible et l'entrepreneur qui veut le payer au plus bas, ce droit au travail dont la pratique obligerait l'Etat à concentrer entre ses mains tous les capitaux, sont tout simplement les galères, avec la satisfaction pour la chiourme de choisir ses argousins. L'Etat distributeur du travail industriel et de la paie, c'est la plus complète, la plus conséquente, la plus épouvantable des tyrannies qu'il soit possible à l'imagination de se figurer ; c'est ensemble l'anarchie et la tyrannie, ce serait la guerre et la confusion universelle, car chacun voudrait commander ; ou plutôt un tel ordre ne saurait subsister un seul instant, il ne serait point, mais la tentative de l'introduire ferait crouler la civilisation dans le sang avec toutes ses richesses, et les survivants se hâteraient de s'abriter sous un despotisme dont le premier soin serait nécessairement de rétablir le travail, en restaurant la propriété individuelle, sans laquelle il lui serait impossible de l'obtenir. Les combinaisons réalisables sous la protection des lois générales dans un petit groupe de personnes qui se connaissent, ne le sont plus lorsqu'il s'agit d'en faire la loi de la société tout entière. Toutes les résistances seraient vaincues, que la machine ne se mettrait pas en mouvement, ses vices intérieurs l'en rendraient incapable. Comment ceux qui refusent l'obéissance aujourd'hui trouveraient-ils l'abnégation nécessaire au fonctionnement d'un pouvoir incomparablement plus impérieux que celui des patrons contre lequel ils s'élèvent. Pour surveiller le travail, il faudrait en distraire tant d'inspecteurs, et pour prêter main forte aux inspecteurs, tant d'agents, que la quantité de travail possible risquerait fort de ne plus suffire au plus chétif entretien de tous. Si l'on croyait pouvoir renoncer à cette contrainte de tous les instants, dans la pensée que chacun comprendrait bien la nécessité du travail collectif pour lui donner son morceau de pain, alors on aurait organisé l'exploitation des vaillants par les lâches, des travailleurs par les paresseux et des intelligents par les imbéciles, en d'autres termes l'exploitation du fort par le faible. Une telle répartition des profits et des charges ne se conçoit que dans l'amour ; et si l'amour était le ressort des actions humaines, quel besoin serait-il de rien changer aux cadres de la société ?

III

La jouissance inhérente à l'activité cérébrale et musculaire, le dévouement et la bienveillance, la contrainte, l'intérêt personnel, tels sont les seuls mobiles concevables qui puissent porter l'homme au travail ; mais évidemment le besoin d'exercice ne saurait produire à lui seul la somme d'efforts nécessaire pour nourrir les hommes et soutenir la civilisation : il n'est pas impossible, il est désirable de rendre la tâche de l'ouvrier moins pénible qu'elle ne l'est, mais le travail attrayant est une chimère, il n'est plus besoin aujourd'hui de le démontrer. — L'amour est le principe d'action d'un petit nombre. S'il devenait celui de tous, il trouverait aisément lui-même l'organisation qui lui convient, mais il est inutile de tracer le plan d'une société économique dont l'amour serait la force motrice avant d'avoir découvert le moyen de créer cette force. S'imaginer qu'elle jaillira de la combinaisou sociale elle-même serait un comble de déraison dont on ne croirait pas que l'esprit humain pût être capable si nous ne trouvions pas la preuve du contraire dans des utopies dont le souvenir n'est pas encore effacé. Sans relire les réfutations qui en ont été faites, il suffit pour en faire toucher du doigt l'impuissance radicale, d'observer qu'il ne s'agit pas seulement d'élaborer une conception systématique, mais de la faire adopter. Si le désir de travailler au profit de la communauté doit résulter de la combinaison nouvelle, il n'existe pas au moment où on la propose, et chacun convient qu'en effet ce qui prévaut aujourd'hui partout, c'est l'intérêt personnel. Les personnes et les classes qui veulent transformer l'ordre social, agissent pour la plupart elles-mêmes sous l'impulsion de leur propre intérêt, bien ou mal entendu; c'est donc l'égoïsme des uns qui voudrait forcer les autres à sacrifier leur égoïsme pour entrer dans un régime où l'égoïsme serait supprimé. Que peut-il sortir de là sinon la guerre? Et si la victoire restait aux aggresseurs de l'ordre établi, comment ces aggresseurs, dont l'égoïsme est le mobile, pourraient-ils fonder un régime d'où l'égoïsme serait banni ? Il y a là des contradictions inextricables. En admettant la possibilité d'une société combinée de manière à développer les sentiments bienveillants chez ses membres, et à obtenir d'eux un travail suffisant sous l'empire de ces affections, l'établissement de cette société nouvelle impliquerait une prépondérance préalablement acquise au mobile même qu'elle serait destinée à produire. — A défaut d'amour, la contrainte ; mais la contrainte est précisément le mal qu'il s'agit d'éviter, le progrès consiste à diminuer le rôle de la contrainte au profit de l'activité spontanée. Cependant il ne manque pas de gens disposés à subir l'esclavage dans l'espoir de commander à leur tour ou seulement d'avoir moins d'ouvrage et plus de jouissances qu'ils n'en obtiennent aujourd'hui sous le régime du contrat. Mais, encore une fois, on cherche vainement la force nécessaire pour astreindre tous les ouvriers à la diligence, et sans une telle communauté d'efforts le travail collectif resterait infailliblement fort au dessous du nécessaire.

Il reste donc que le seul fondement possible de la société économique est l'intérêt personnel du travailleur. Pour qu'une machine pareille fonctionne bien, il faut que le ressort puisse en déployer librement sa puissance ; il faut que chacun puisse à son gré consommer, épargner, échanger et transmettre les produits de son activité. Affaiblissant le désir de produire, toute restriction apportée à ces facultés tend à diminuer la somme des produits utiles. Mais l'épargne c'est le capital, c'est la propriété, c'est l'héritage, c'est l'inégalité des conditions, c'est le loisir pour quelques-uns de se dispenser du travail personnel en consommant ce qu'ils ont acquis, ou ce que d'autres ont acquis à leur bénéfice, c'est la commodité d'utiliser à leur profit le travail d'un autre lorsque cet autre y consent, et il y consentira moyennant salaire, toutes les fois qu'il n'aura pas les moyens de se procurer mieux en travaillant pour son propre compte. Enfin, comme à la seule exception de l'eau, du vent et de la terre brute, tous les outils sont le produit d'un travail antérieur, la liberté du travail implique l'appropriation des outils, en quantité quelconque, par donation, par héritage ou par échange aussi bien que par fabrication directe, avec faculté de prêter les instruments du travail à ceux qui en auraient besoin et de recevoir pour cette location le prix que l'emprunteur en voudra donner. Bref, le travail fondé sur l'intérêt du travailleur, ce n'est pas absolument la société d'aujourd'hui, dont les abus les plus criants résultent peut-être moins du libre jeu des facultés naturelles que de monopoles constitués par l'autorité politique, mais enfin c'est le régime de la concurrence, la loi du plus fort avec ses inégalités révoltantes, avec ses excès et ses privations, avec l'oisiveté, foyer du vice, et le dénûment, conseiller du crime.

IV

Cette société là, Dieu nous préserve de l'admirer, ce serait bête; Dieu nous préserve de nous croiser les bras devant ses misères, ce serait lâche. Mais Dieu nous préserve surtout de méconnaître la gravité du problème qu'elle nous pose, de nous laisser emporter par nos sentiments à des conclusions précipitées, de nous dérober à l'étude laborieuse que réclame l'enchainement des effets et des causes, et d'ébranler si peu que ce soit, fût-ce par un souffle murmuré dans l'ombre, la maison de l'humanité, sans avoir une idée claire et précise de l'édifice par lequel nous voudrions qu'elle fût remplacée, des avantages de notre programme et des moyens de l'exécuter, en un mot sans la foi la plus entière dans la sagesse de notre dessein. Il faudrait être certain que l'ordre actuel est non seulement mauvais, mais inguérissable, et que le néant vaudrait mieux, pour être en droit de l'attaquer avant de savoir exactement que mettre à la place. Et encore, pour avoir ce droit, il faudrait savoir avec certitude que cet ordre mauvais n'est plus susceptible d'empirer, puisqu'il est infiniment peu probable que nos plus fortes attaques aboutissent à l'anéantissement de l'univers, tandis qu'un changement à l'ordre existant peut aggraver son état, pour fâcheux qu'il soit, aussi bien que l'améliorer. Qu'en présence de maux définis on propose des modifications définies, nous le voulons bien, quoique l'effet d'un changement particulier sur l'ensemble ne puisse guère être exactement calculé d'avance. L'ordre social n'est point immuable, toutes les révolutions amenées par le cours des âges n'ont pas été du mieux au pire, et l'expérience seule permet de juger la valeur d'un établissement. Qui ne risque rien n'a rien, et qui n'entreprend rien se ruine. Ce n'est pas l'immobilité que nous prêchons. Mais la loi romaine dit avec raison que l'imprudence peut atteindre un degré qui la rend criminelle. Nous tenons pour criminels, s'ils ne sont pas des imbéciles, ceux qui passent condamnation sur la société et prennent rang parmi ses adversaires sans pouvoir en donner d'autre raison que l'indignation dont ils sont émus au spectacle de ses misères, et la croyance *a priori*, pour ne pas dire la croyance aveugle à l'existence d'un remède, qu'on découvrirait infailliblement si l'on prenait la peine de le chercher... plus longtemps qu'ils ne l'ont cherché. Nous les tenons ces beaux sentiments pour criminels, parce que ceux qui les invoquent ne sont pas de bonne foi : ils parlent et agissent comme s'ils étaient certains d'une chose dont ils savent, au fond de leur cœur, n'être point certains. Pour généreuse que soit leur passion, c'est à la passion qu'ils obéissent et non pas à la conscience, qui leur fermerait la bouche, s'ils se donnaient le loisir de l'interroger. Depuis plus de cinquante ans nous suivons du regard ces coupables rêveurs. Autrefois ils se réclamaient de Dieu, et s'enchantaient d'une espérance aujourd'hui desséchée. Il ne leur est resté que la fureur. « La société ne vaut rien, faisons-la sauter, environs-nous de sang et de flammes; ensuite il arrivera ce qui pourra. » C'est à ces termes que se réduit aujourd'hui leur doctrine. Il serait inutile de chercher à la combattre par des discours; elle offre d'ailleurs peu d'attraits et réunira peu d'adeptes, mais il suffit d'un petit nombre de fanatiques résolus pour accomplir une œuvre de destruction dont nous ne saurions calculer l'étendue.

L'humanité ne peut subsister que par un travail pénible. La contrainte et l'intérêt personnel restent les seuls moyens concevables de l'obtenir. L'organisation du travail économique universel sur la base de la contrainte ne paraît pas possible aujourd'hui. Fût-elle possible, le produit d'un travail semblable se trouverait insuffisant; enfin suffît-il même aux besoins matériels, l'adoption d'un semblable régime n'en serait pas moins le pire malheur dont l'humanité puisse être frappée, attendu qu'il opposerait un obstacle insurmontable au développement de sa nature morale. Il n'y a donc absolument autre chose à faire qu'à laisser l'intérêt des individus déterminer le travail social ; c'est-à-dire à conserver et à défendre l'ordre fondé sur la propriété privée, tout en s'efforçant d'en corriger les abus et de pallier les maux qui résulteraient du principe même ; tel est le résultat d'un premier examen du problème économique.

Aujourd'hui les hommes les plus affligés de ces abus et de ces misères n'en arrivent pas moins à la même conclusion. Les réformateurs contemporains entendent bien que chacun de nous étant son propre maître, conserve les fruits de son activité personnelle ; mais ils pensent que notre droit individualiste excède et contredit son principe en deux points : l'appropriation du sol et la transmission des biens par l'hérédité.

V

Il est sans doute inutile de réfuter ici les sophismes par lesquels, dans un louable désir d'affermir l'ordre existant, on essaie d'établir que la valeur de la terre est entièrement due au travail humain. Le prix de la terre résulte du fait qu'elle est indispensable à toute production et que l'étendue en est limitée. S'il était loisible à chacun de louer à son profit le champ qu'il pourrait défricher, la thèse de Bastiat serait défendable, mais ces lieux vacants, ces terrains fertiles, sous un climat propice au travail du blanc, n'existent pas en quantité suffisante et ne se trouvent pas à notre portée. S'il y en avait quelque part assez pour un nombre illimité d'immigrants, la terre n'en conserverait pas moins dans les pays occupés une valeur intrinsèque, déterminée par le coût de l'émigration, auquel il conviendrait peut-être d'ajouter quelque indemnité pour les douleurs qu'elle entraîne. Non, l'appropriation de la terre permanente et de plein droit n'est pas compatible avec la doctrine qui, fondant le droit de l'homme à disposer des choses sur son droit à disposer de lui-même, cherche dans le travail l'unique source de la propriété légitime, et considère comme un effet ou comme un aspect de la liberté personnelle cette appropriation des choses hors de laquelle il serait impossible de réaliser et de concevoir la liberté. Nous estimons que cette théorie est la bonne, nous pensons que le sol appartient naturellement à l'humanité toute entière. Dans le volume intéressant qu'il a publié sur le *collectivisme*, M. Paul Leroy-Beaulieu a mis en pleine lumière les illusions et les contradictions de l'école qui voudrait centraliser entre les mains de l'Etat tous les instruments de production; il fait voir que, de l'aveu de ses propres docteurs, un collectivisme viable n'existe pas. En revanche, il ne nous semble pas qu'il ait rien avancé de valable contre l'idée que le sol de cette planète est la propriété du genre humain et que chaque homme naissant dans le monde a le droit d'en réclamer sa part ou l'équivalent de cette part. Il n'ose pas reproduire la thèse frivole qu'un instrument de travail indispensable et limité ne possède pas de valeur par lui-même, bien qu'il s'efforce d'abaisser cette valeur fort au-dessous de ce qu'autorise un impartial examen des faits. Son argument favori consiste à dire que si les réclamations des particuliers dépourvus contre les propriétaires du sol dans un pays donné pouvaient être admises, les nations mal partagées en auraient de pareilles à faire valoir contre les occupants des pays plus vastes ou plus favorisés. Cet argument, reproduit avec complaisance, ne s'adresse qu'aux intérêts et à la passion, la raison ne saurait lui reconnaitre aucune force. Oui, les nations à l'étroit sur un sol stérile ont droit à s'élargir en occupant les territoires que leurs habitants n'utilisent pas ou qui pourraient nourrir un plus grand nombre de bouches s'ils étaient mis en valeur d'une autre manière. Ce principe justifie seul l'établissement de toutes les colonies, et le contester c'est poser en principe que le globe terrestre ne saurait être conquis à la civilisation que par le crime. Quant aux rapports entre les peuples dits civilisés, ils sont réglés par des contrats fondés sur l'intérêt réciproque. Aujourd'hui nous voyons l'étranger s'établir dans tous les pays du monde, y exploiter des industries, y acquérir des propriétés foncières. Ces riches vignobles de la

Sicile, du Douro, du Médoc même et de la Bourgogne, à qui sont-ils et qui les exploite? n'y a-t-il point d'Allemands, point d'Anglais qui en tirent de l'or? Du moment où les étrangers sont admis comme particuliers à jouir des avantages qu'offre un territoire, il est satisfait au principe. Et l'histoire contemporaine, celle de l'Asie orientale en particulier montre assez comment l'Europe envisage la prétention d'un peuple à se fermer.

Au commencement de notre histoire nous voyons la propriété du sol se confondre avec la souveraineté. Cette identification nous paraît juste en principe; mais le morcellement, de quelque manière qu'il se soit produit, est légitimé par l'intérêt de l'agriculture, c'est-à-dire par l'intérêt général. Et comme l'échange des services a pour corrélatif l'échange des produits; comme il faut tirer du sol des moissons toujours plus abondantes pour subvenir aux nécessités d'une population qui tend naturellement à s'accroître; comme le premier besoin est qu'il y ait du pain en suffisance, et la première condition du bien-être qu'il y en ait en abondance, nous tiendrons la propriété foncière pour justifiée, s'il n'existe pas d'autre tenure éprouvée qui donne un produit supérieur à celui qu'on peut attendre du régime actuel sans détriment pour la liberté du laboureur. Ce fondement rationnel du droit de propriété sur la terre en marque bien la limite; l'histoire et la loi positive la fixeraient au même point. Une fois que la terre est dans le commerce et que la propriété s'en échange contre les fruits du travail, cette propriété doit évidemment être respectée à l'égal de toute autre dans les rapports des particuliers entre eux ou des particuliers avec l'Etat : il ne saurait être question de laisser le premier venu piller mes vergers, ou s'établir dans mon champ; il ne saurait être question pour le fisc d'acquérir ma terre sans en donner au moins le prix du marché; mais si le crédit lui rendait possible une expropriation générale, comme certains économistes l'ont supposé, et si l'Etat pouvait faire rendre au sol une moisson plus riche en l'affermant ou en l'exploitant sous toute autre forme compatible avec la liberté civile, nous pensons que les possesseurs actuels ne trouveraient pas d'objection valable contre cette mesure d'intérêt public dans un droit antérieur et supérieur au droit de l'Etat. Dans le conflit des abstractions juridiques, le droit concret se fonde, ici comme partout, sur la nécessité. Les propriétaires du sol ont gouverné jusqu'ici la Grande-Bretagne et nous voyons le parlement anglais chercher la pacification de l'Irlande dans des compromis d'où la propriété des seigneurs terriens ressortirait singulièrement amoindrie. Le droit des propriétaires anglais ne se fonde pas sur des titres essentiellement différents, quoiqu'ils soient un peu plus anciens. Si les particuliers et les familles pouvaient acquérir sur le sol, sans le concours de l'Etat, des droits permanents, supérieurs à ceux de l'Etat, il y aurait aujourd'hui bien peu de propriétés légitimes, au moins n'en connaissons-nous pas dont l'origine ne remonte à quelque disposition du souverain. Ainsi l'appropriation exclusive de la terre étant primitivement l'œuvre de la force et ne se justifiant que par des considérations d'utilité ne saurait prévaloir contre le droit de tout homme naissant dans le monde à sa part aliquote dans la jouissance d'un bien naturellement commun à tous. Si cette jouissance ne peut pas lui être offerte en nature, il lui est au moins dû quelque compensation. Ceci légitime, ce nous semble, quelques-unes des prétentions du socialisme, notamment ce qu'il nomme le droit au travail, la terre étant l'instrument naturel du travail. Mais il ne s'agit pas seulement de savoir si le droit existe, il faudrait en calculer de près la valeur, car la possession d'une terre inculte serait un instrument de travail bien insuffisant. Puis, cette valeur appréciée, il faudrait voir comment la société pourrait s'acquitter de sa dette sans détriment pour d'autres obligations non moins pressantes. Peut-être se trouverait-il que, tout balancé, la jouissance des routes, des monuments publics et de tant d'autres produits du travail collectif, la protection des lois et la gratuité de l'instruction constitueraient une indemnité presque suffisante. Sans l'affirmer absolument, nous poserons comme une règle incontestable que nul moyen de réparer le tort fait aux déshérités de la fortune par l'appropriation du territoire ne saurait être réputé juste et praticable, s'il tendait à diminuer la somme et l'efficacité du travail économique; parce que l'élévation du produit total en face d'une consommation croissante restera toujours le premier des intérêts matériels, et très spécialement le premier intérêt de la classe pauvre. C'est de là qu'il faudrait partir pour apprécier les suggestions rappelées plus haut, ainsi que les diverses formes de travail et de jouissance collective que nous trouvons à l'œuvre dans certains pays ou que les théoriciens du socialisme nous recommandent. Il importe d'écarter d'entrée toutes les combinaisons qui auraient pour effet naturel une diminution dans l'activité, la prévoyance et l'esprit d'épargne chez ceux dont il s'agit d'améliorer la condition, car si l'on doit nourrir les enfants, c'est pour qu'ils deviennent des hommes.

Tout écourtées que soient ces considérations, celui qui les pèsera ne tardera pas sans doute à reconnaître que s'il est nécessaire de changer quelque chose aux arrangements actuels pour donner à chaque arrivant sa part dans l'instrument du travail fourni par la nature, et s'il était possible à la loi d'effectuer ce changement d'une façon qui répondît à toutes les exigences de la justice, le tableau de la civilisation n'en serait pas très sensiblement modifié, la propriété immobilière n'entrant que pour une part décroissante dans la somme de ses richesses, et la valeur du terrain brut ne formant à son tour qu'un élément de la propriété immobilière.

Les principales inégalités subsisteraient donc avec leur cortège d'abus, de souffrances et de plaintes.

VI

Nous parlons d'une dette de l'Etat, dont il conviendrait de fixer le chiffre. La reconnaissance d'une telle dette ne dispensant point l'Etat de ses autres obligations, il ne pourrait s'acquitter sans imposer de nouvelles charges au travail. Pour adoucir le sort des réclamants sur un point quelconque, pour attaquer la question sociale où que ce soit par la voie législative, il faudrait de nouvelles ressources, dont l'Etat ne dispose pas. Où les trouver? l'Europe, saignée à blanc, succombe déjà ! Le triomphe complet de la démocratie la soulagerait peut-être des charges militaires, qui sont les plus lourdes de toutes ; mais s'il est permis de croire à ce triomphe, il serait bien téméraire de prétendre en fixer la date, même en comptant par générations ou par siècles. Pour l'instant, la dépense militaire s'accroit toujours. D'ailleurs la démocratie n'est rien moins qu'économe, elle a beaucoup d'appétits à contenter et les responsabilités n'y sont pas sévères. Ce n'est donc pas sur les épargnes du trésor qu'il faut compter pour subvenir à des besoins nouveaux ; ce n'est pas non plus sur les impôts actuels, qui donnent à peu près tout ce qu'ils peuvent rendre. La question de l'héritage se pose ainsi d'elle-même.

On peut douter de bonne foi que la propriété, conséquence du droit d'épargner ou de disposer de notre travail, s'étende au delà de la vie ; à première vue, le testament semble moins un droit naturel qu'une faveur de la loi. Cependant si la faculté de prescrire ce qu'il adviendra de mes biens après ma mort ne m'appartient pas de plein droit, ce n'est pas qu'ils reviennent de plein droit à tel ou tel particulier, autrement ce qu'on appelait mon bien n'aurait pas été mon bien ; si l'hérédité dans la famille était juridiquement nécessaire, l'individu ne posséderait jamais qu'un usufruit. La propriété de famille et la propriété individuelle sont deux principes inconciliables ; nos codes ont établi entre eux des compromis bons à conserver aussi longtemps qu'on s'en trouve bien, et qu'il est prudent d'honorer aussi longtemps qu'on les conserve, mais qui, dépourvus de toute valeur intrinsèque, ne sauraient arrêter le législateur dès qu'il verrait quelque avantage à les abroger, Le second de ces deux principes est seul compatible avec la doctrine qui ramène notre droit sur les choses à notre droit sur nous-mêmes et fonde la propriété sur le travail. Mais si le mort n'a pas qualité pour disposer des biens dont il jouissait, si nul ne possède sur eux un droit exclusif, ne s'ensuit-il pas naturellement qu'ils appartiennent à la communauté et qu'ils doivent être dévolus à l'Etat ? Cette idée a déjà pénétré dans la loi, qui s'en imbibe en vertu d'une capillarité naturelle, les besoins du fisc s'accroissant toujours. Partout la portée du droit d'hérédité dans la famille est limitée arbitrairement. Au delà d'un certain degré, il n'y a plus de parenté reconnue et le trésor public hérite à défaut de légataires. Les successions testamentaires et collatérales sont frappées de taxes graduées, qui font de l'Etat un véritable cohéritier. Dans quelques pays la ligne directe est déjà frappée. Quand les ennemis de l'hérédité démasqueront leur front de bataille, ils auront déjà fait bien du chemin et trouveront dans la loi de quoi s'autoriser.

La dévolution à l'Etat de toute l'épargne le mettrait, semble-t-il, en possession de ressources inépuisables, et lui permettrait de satisfaire à toutes les réclamations légitimes. Si cette apparence était fondée, la cause de l'héritage serait à peu près perdue. Néanmoins, cette cause nous paraît bonne, suivant nous la justice exige la reconnaissance du droit à tester. Le testament n'est qu'une forme de la donation, et l'objet essentiel en pourrait toujours être atteint par une cession de biens contre un viager. La forme consacrée offre l'avantage de garantir jusqu'au dernier moment la liberté du propriétaire et de respecter un secret nécessaire à son repos. La succession *ab intestat* se justifie aisément comme une conséquence du même principe : à défaut d'une désignation spéciale, on observe la volonté du propriétaire, telle qu'elle ressort de son silence même et du cours naturel des affections. Souvent aussi la succession *ab intestat* ne fait que manifester une copropriété véritable résultant d'un travail commun. Mais ce n'est pas sur des considérants de cette nature que la question sera jugée, et ce n'est pas sur des considérants de cette nature qu'elle doit être jugée : la société, dont le concours est nécessaire pour garantir l'hérédité, ne le fera que si elle y trouve son intérêt. Où est ici l'intérêt réel de la société? c'est ce qu'il importe avant tout d'examiner, et ce point éclairci, nous pourrons négliger le reste. Le législateur qui cherche à régler suivant la justice absolue les rapports des particuliers entre eux, sans égard aux effets des dispositions adoptées sur l'ensemble de la société, poursuit un but illusoire, et sacrifie la justice vraie à son abstraction, car en nuisant à tout le monde, il nuit à ceux qu'il croit protéger. L'intérêt social ne prime donc pas la justice, il la constitue, et réciproquement l'observation de la justice reconnue sera toujours le véritable intérêt social.

Toutes les questions économiques sont solidaires. Le législateur qui oublierait ce principe un seul instant conduirait son peuple à la ruine. Chercher les règles d'une équitable distribution sans se préoccuper de leur effet sur la production serait méconnaître absolument les conditions du problème. Il ne s'agit pas, nous le répétons, de diviser une quantité donnée en portions égales, ou proportionnelles à quel mérite que ce soit. Ce qu'il faudrait, c'est que la part de chacun lui suffit, et la première condition pour arriver là, c'est que la masse à partager reste ou devienne égale aux besoins de la totalité, car cette masse n'est jamais donnée, elle est toujours en formation. Pour qu'il y ait assez de valeurs à distribuer, il faut avant tout qu'il s'en crée assez, et le mode de répartition en vigueur exerce une influence décisive sur le chiffre de la production. Là est le nœud du problème, que le sentimentalisme n'aperçoit pas. La création des objets à distribuer exige le concours du travail et du capital, autrement nommé l'épargne, et la quantité des produits se proportionne à la quantité de l'épargne et du travail. Or, encore une fois, le premier intérêt économique, le premier intérêt social, ce qui est nécessaire avant tout pour qu'on puisse jamais panser et guérir les blessures de l'humanité, c'est l'abondance des produits utiles. Certaine marchandise donnée peut se trouver en excès dans un certain temps, mais quant à l'ensemble des articles de consommation, il n'y en a jamais trop; il n'y en a jamais assez pour tous les besoins. La question de l'hérédité doit par conséquent être posée en ces termes : quelle est l'influence de notre droit de succession sur la formation de la richesse sociale, ou en d'autres termes sur l'épargne et sur le travail?

En se plaçant à ce point de vue, le seul sérieux, on observera d'abord avec raison que la faculté d'hériter par legs ou par droit de naissance amène l'inégalité des conditions et permet à quelques-uns de vivre dans l'oisiveté ou dans une activité stérile en gaspillant le produit du travail d'un plus grand nombre. Le luxe fait vivre sans doute beaucoup d'ouvriers, mais le travail de ces ouvriers ne laisse rien après lui, la part du revenu social consommé par les serviteurs du luxe est purement et simplement anéantie, tandis qu'affectée à d'autres besognes, elle eût nourri tout autant de bouches et se fût retrouvée avec accroissement dans le résultat de leur travail. Cette distinction entre la consommation reproductive et la consommation stérile appartient assurément à la classe des notions les plus élémentaires. Toutefois il n'était peut-être pas inutile de la souligner ici, car l'utilité du luxe pour la prospérité de l'industrie est encore un axiome dans certains milieux. Les gouvernements l'invoquent encore aujourd'hui pour justifier un faste insensé, et nous avons entendu de nos oreilles un ministre de la troisième république professer cette erreur de très bonne foi. Elle n'en est pas moins grossière. Non, les ouvriers que le luxe semble nourrir et dont la vie ne laisse rien après elle sont autant de bras enlevés au travail qui améliorerait la condition du grand nombre en faisant baisser le prix des objets vraiment utiles. La prodigalité des classes opulentes est bien la source de quelques fortunes privées, mais quant à la société dans son ensemble, elle tend manifestement à l'appauvrir; et si c'est l'hérédité des fortunes qui la rend possible, l'hérédité des fortunes est nuisible sous ce rapport. Reste à savoir si l'héritage est bien ici le grand coupable. Reste à savoir surtout quelle est l'importance relative de ce point particulier dans une question qu'il faudrait considérer sous tous ses aspects.

Pour dépenser, il faut posséder, mais la richesse n'est pas la cause positive des folles dépenses, leur véritable cause est l'irréflexion, l'immoralité, l'ennui résultant du défaut d'occupations sérieuses, par-dessus tout, la sottise, le vide de l'intelligence et du cœur. Les biens les plus mal employés ne sont peut-être pas les fortunes héréditaires, mais les trésors acquis sans travail par des jeux de bourse, et qu'on pense pouvoir renouveler de même, après les avoir gaspillés. A bien chercher le foyer de chaleur qui fait monter le vice à si gros bouillons, la raison principale du mauvais goût, du luxe criard, de la corruption fétide où notre occident se plonge avec un emportement sans joie, nous les trouverions, je pense, dans la disproportion croissante entre la richesse et la culture de l'esprit, et dans une facilité d'acquérir qui place des ressources importantes à la discrétion de gens incapables d'assigner à leur dépense un but raisonnable et généreux.

Quoi qu'il en soit, les riches qui mangent leur bien sont l'exception. La plupart s'efforcent de le conserver et de l'accroître. Cette accumulation de capitaux dans peu de mains est un grief; elle peut devenir un danger; mais enfin la société ne s'enrichit que par l'épargne des particuliers, car l'Etat, lui, n'épargne pas, bien au contraire. La richesse totale est la première condition d'une répartition satisfaisante, et l'on ne saurait économiser que le superflu. L'inégalité des fortunes est donc une indispensable condition du progrès économique. Si l'on pouvait résoudre jamais ce problème insoluble d'attribuer à chacun une part égale de capital sans que la somme des revenus en fût diminuée, chacun aurait tout juste de quoi manger à sa faim dans les pays pauvres, et l'épargne y deviendrait nulle ; dans les pays riches, chacun pourrait s'accorder quelques modestes jouissances et c'est tout. Les prudents, les austères, un petit nombre par conséquent, épargneraient seuls, et les économies de chacun d'eux seraient nécessairement fort restreintes. Les riches seuls peuvent capitaliser la majeure partie, quelquefois la presque totalité de leurs revenus. L'inégalité, dont on se plaint, accumule au profit de tous des réserves indispensables à la sécurité commune aussi bien qu'à l'exécution de toute œuvre importante. Rien ne saurait la remplacer. L'inégalité des conditions que produit l'héritage, ou plutôt qu'il accentue et qu'il consolide, n'est donc pas un motif suffisant pour condamner cette institution naturelle ; et quand on cherche à mesurer d'une manière générale l'influence qu'elle exerce sur la production, on ne tarde pas à se convaincre qu'elle est indispensable à tout bien-être. Loin de l'attaquer où elle règne, il faudrait donc, malgré ses inconvénients, se hâter de l'introduire dans les sociétés qui ne la posséderaient pas.

Non seulement toute production développée exige une avance de capital, et l'hérédité dans les familles paraît nécessaire à la formation des capitaux sous le régime de la propriété personnelle, mais la faculté de perpétuer son œuvre en assurant le sort de sa famille est pour le travailleur une source inappréciable de persévérance et d'énergie. S'il ne peut rien pour les siens, évidemment il s'arrêtera dès qu'il verra devant lui ce qu'il croit nécessaire pour aller commodément jusqu'à sa fin. Faites une loi qui, sans rien changer d'ailleurs aux conditions du travail, attribue au fisc toutes les successions, et vous verrez aussitôt le sang se figer dans les vaisseaux du corps social ; le travail sera paralysé par la diminution simultanée de l'incitation morale et des moyens matériels dont il a besoin, tandis que les trésors accumulés par les générations passées se dissoudront dans le flot des dépenses courantes. Enfin l'effet croissant de chacun de ces trois facteurs se multipliant par l'effet croissant des deux autres, la misère complète, la ruine absolue seront l'infaillible et prompt résultat de votre décision.

La suppression pure et simple de l'hérédité privée équivaudrait à l'anéantissement de la société économique. Ceux qui auront compris qu'il en est ainsi, et pourquoi, ne tarderont pas à se convaincre que la suppression partielle de l'hérédité sous une forme quelconque, serait une cause d'appauvrissement et d'affaiblissement pour la nation qui la déciderait. Un impôt assez élevé pour affecter sensiblement le capital de toutes les successions ou du grand nombre, tendrait à diminuer le bien de la communauté par l'effet combiné des trois causes que nous énumérions tout à l'heure : destruction partielle du capital acquis, diminution de la production par la diminution simultanée des instruments du travail et de l'activité des travailleurs. La dévolution à l'Etat de préférence aux collatéraux en l'absence de testament, n'aurait pas sur la production un effet direct aussi pernicieux, mais elle n'en fonctionnerait pas moins comme cause d'appauvrissement, puisqu'elle fournirait la commodité d'affecter des capitaux constitués à la dépense annuelle, ce qui est, comme on ne l'ignore pas dans les ménages, une manière à peu près infaillible de se ruiner. On s'abuserait donc en cherchant dans un remaniement des lois sur l'héritage de quoi porter remède au mal social.

Toutes ces lois ne sont pas sans doute également avantageuses. Les codes qui exigent un partage à peu près égal entre les enfants ne restent pas conséquents en ce point au principe de la propriété individuelle. En ôtant au père la libre disposition de son épargne, ils diminuent singulièrement une autorité dont ses enfants pouvaient avoir besoin, ils tendent à restreindre le nombre de ces derniers fort au delà de ce que demanderait l'intérêt public et de ce que permet la morale naturelle; ils donnent au fils du riche un crédit dont il abuse trop souvent à l'âge des passions, enfin, par un double effet trop réel, bien qu'il semble contradictoire, ils s'opposent à la consolidation de grandes existences, dont les avantages économiques et politiqes surpassent peut-être les inconvénients, et ils tendent à créer une classe plus nombreuse d'oisifs sans responsabilité, sans position ferme et souvent sans culture. Dans la mesure où les biens d'un homme peuvent être considérés comme le fruit de son travail, la légitime naturelle de ses enfants, la seule qu'il importe à l'Etat de leur garantir, ne serait pas rigoureusement proportionnelle au chiffre des fortunes, mais plutôt égale pour tous, sauf à tenir quelque compte des différences d'éducation suivant la position des familles : ce serait l'éducation elle-même, l'apprentissage complet d'une profession, avec les fonds nécessaires pour en commencer l'exercice. Un dispositif à cet effet nous semblerait préférable à la loi française. Il y aurait peut-être lieu d'étudier d'autres changements, de considérer par exemple si la position faite aux femmes relativement aux biens de famille s'accorde avec celle que la loi leur assigne dans leur propre ménage, si elle tend à leur assurer le bonheur domestique et à favoriser les unions les plus conformes à l'intérêt durable de la société. Mais il n'y a rien dans tout cela dont on puisse attendre raisonnablement l'extinction du paupérisme et bien moins encore la satisfaction de ce droit au bonheur que chacun de nous croit apporter en naissant.

Pareillement le retour de la rente à l'Etat n'aurait rien que de juste en principe, et s'il était possible de l'effectuer sans diminution du produit agricole, il suppléerait avantageusement tout ou partie des impôts dont le travail est affecté; mais la solution du problème social n'est pas là non plus. En leur supposant tout le succès imaginable, il n'y a pas de proportion entre l'effet possible de semblables mesures et le but que le socialisme s'est proposé.

Ce but, dont le socialisme nous éloigne, et qu'il faudrait atteindre, c'est la vie pour tous, la possibilité d'un développement vraiment humain pour tous ceux qui en acceptent les conditions. Sans être assuré de l'atteindre, il faut essayer de s'en rapprocher.

VII

Il n'est point ici-bas de biens sans mélange, il n'en est point dont il ne faille payer le prix; la liberté et l'égalité sont toutes les deux excellentes; malheureusement elles s'excluent. L'inégalité résultant de la nature, ne saurait être supprimée par quelque moyen que ce soit et ne peut être atténuée, contenue ou corrigée dans ses effets les plus criants que par des procédés artificiels, par la contrainte, aux dépens de la liberté et par conséquent aux dépens de la production, c'est-à-dire aux dépens de la vie même. Nous respecterons donc légalement les différences résultant de la liberté humaine et de la solidarité des générations. Si complets, si profonds que puissent être de tels contrastes, ils ne sont pas abusifs en eux-mêmes, et ne deviennent un mal social que par l'effet d'un mal moral dont ils ne sont pas la cause, quoiqu'ils lui prêtent l'occasion de se déployer. Et l'inégalité des conditions fût-elle absolument mauvaise en elle-même, nous la préférerions toujours à la contrainte et à la destruction du capital social, instrument de la liberté; car ces résultats équivaudraient à la négation de l'humanité par elle-même. S'il en est qui connaissent une troisième voie, évitant la cruelle alternative, qu'ils nous la montrent. De ce côté nous n'avons vu jusqu'ici que des nuages. Quant à la méthode qui consiste à tempérer les effets d'un principe avec des dispositifs légaux suggérés par l'autre, nous la voyons journellement à l'œuvre, et cette expérience nous semble établir qu'elle ne réussit pas mal à cumuler les désavantages inhérents à tous les deux. Honorons la liberté quoi qu'il en coûte, en cherchant à bien user de la nôtre; soyons patients et comptons sur elle pour guérir les maux qu'elle a faits. Ce qu'il faut supprimer décidément, dans la mesure du possible, ce sont les causes d'inégalité résultant de la contrainte elle-même, les privilèges conférés par le pouvoir qui permettraient aux particuliers favorisés de s'enrichir aux dépens d'autrui par des services indispensables dont ils fixent le prix à l'abri de la concurrence. Ainsi les droits protecteurs, les concessions de chemins de fer, les banques dotées et privilégiées. Le monopole est incontestablement une source de fortune impure, et le rôle du monopole est grand dans notre société moderne. Efforçons-nous de le restreindre, visons à l'anéantir; mais ne nous flattons pas d'un prompt succès, prenons garde de ne pas nous blesser nous-même en combattant, et ne nous abusons pas sur la portée d'une victoire, même complète.

Et d'abord en poursuivant la justice, ouvrons bien les yeux : il est fâcheux que l'Etat fournisse à quelques-uns un moyen de s'enrichir dont il exclut les autres; mais si l'on ne sait pas éviter cet inconvénient, cette injustice, sans nuire au public en général, la vraie justice, qui commande aux dépositaires du pouvoir public de servir l'intérêt public, exige qu'ils s'exposent à cet inconvénient, qu'ils commettent cette injustice. Un chemin de fer, par exemple, ne saurait s'établir sans des expropriations, que l'Etat peut seul ordonner, et la contrée a besoin de ce chemin de fer. Il faut donc que l'Etat le construise lui-même, s'il ne délègue pas ses pouvoirs à des particuliers qui vont infailliblement en user dans leur intérêt privé, pour se constituer un monopole. L'Etat posera-t-il en principe la libre concurrence ? Il n'éviterait pas ainsi le mal qu'on redoute, toute ligne construite étant par le fait un monopole large ou restreint, mais il multiplierait les expropriations forcées et favoriserait le gaspillage des capitaux, pour aboutir soit à la démolition des lignes tout à fait improductives, — on en a déjà vu quelques exemples, — soit après quelques mois de luttes ruineuses, à des tarifs concertés ou à des fusions dont le pays fait toujours les frais. L'Etat construira donc lui-même, c'est le procédé le plus correct ; mais les frais de construction pèseront en totalité sur les contribuables et l'on risquera d'attendre longtemps l'instrument dont on a besoin. Et l'exploitation ? l'affermer, c'est à peu près en revenir au monopole ; s'en charger, c'est pour l'Etat écraser le budjet, c'est-à-dire, le pays ; car les frais du service seront supérieurs et le prix des services inférieur aux frais et aux tarifs d'une compagnie industrielle qui doit boucler ses comptes sans déficit. Le mieux serait, semble-t-il, si la chose était possible, une adjudication publique à celui qui offrirait les tarifs les plus avantageux pour le public ; mais comme il faudrait de sérieuses garanties, les concurrents seraient généralement peu nombreux, et la ressource illusoire.

Cet exemple suffit à montrer qu'il n'est ni toujours aisé ni même toujours juste de se refuser à la constiution d'un monopole, car il n'est pas juste d'imposer au public tout entier, même dans un intérêt égalitaire, l'obligation de payer plus cher ce qu'il pourrait obtenir à meilleur compte. D'ailleurs l'intervention de l'Etat n'est pas nécessaire à l'établissement des monopoles ; ceux-ci naissent spontanément de l'accumulation et de l'association des capitaux, du jeu même de la liberté, de sorte que la suppression la plus radicale des privilèges concessionnés n'apporterait qu'un remède partiel et temporaire au progrès du mal général. Les grands magasins font disparaître les boutiques et dictent des lois à la fabrication. Celle-ci tend également à se concentrer pour économiser ses frais généraux, commander le marché des matières brutes et perfectionner constamment son outillage. Certains produits de consommation générale sont ainsi fournis à l'Europe entière par un très petit nombre de maisons, qui s'accordent sur leurs prix courants. Toute concurrence est désormais supprimée pour de tels articles. Ceux qui risqueraient quelques millions dans le but de la rétablir devraient s'estimer fort heureux s'ils échappaient à la faillite par leur admission dans une confrérie qui pourrait les ruiner aisément en vendant pendant quelque temps au-dessous du prix.

Il est naturel de déplorer cette marche des choses, il serait plus utile d'examiner si l'on ne pourrait pas la rendre profitable à la communauté ; mais cette tâche dépasse nos forces. La concurrence ne suffit plus à régler le prix des produits et des services. Les remèdes légaux nous semblent pires que le mal. Le seul efficace se trouverait dans un relèvement de la vie morale. Nous voudrions voir la discrétion, la justice et la bienveillance des entrepreneurs et des capitalistes éveiller et nourrir la prudence et la dignité dans la classe ouvrière. Ces sentiments existent déjà chez plusieurs, ils ont déjà produit, ils produisent journellement de très grandes choses, il leur en reste à faire de beaucoup plus grandes ; il faut qu'ils se propagent, qu'ils se généralisent, il faut que les entrepreneurs s'entendent pour faire à leurs ouvriers des conditions raisonnables et qu'ils fixent leurs prix en conséquence ; il faut que les ouvriers comprennent qu'il se suicident en ruinant les entrepreneurs ; il faut, quels que soient pour chacun les motifs du cœur, que l'œuvre de la justice et de la bienveillance se réalise, et peut-être que la considération du péril social imminent n'est pas inutile à cet effet. Comprenons enfin que fusiller n'est pas répondre, que fusiller c'est perpétuer, exaspérer la guerre sociale et non pas la désarmer. On s'aperçoit bien aujourd'hui, le suffrage universel aidant, que cette ressource est insuffisante. Partout l'Etat essaie de protéger les ouvriers contre les patrons, mais peut-il fixer le rapport entre le taux du salaire et le prix des subsistances ? est-il en son pouvoir d'assurer l'écoulement des produits ? S'il n'est pas capable d'aller jusque-là, l'utilité de son intervention nous semble douteuse. En tout cas elle ne saurait s'exercer d'une façon vraiment salutaire qu'à la suite d'accords internationaux, car les droits protecteurs au moyen desquels on essaie d'y suppléer ne font que déplacer le mal, puisqu'ils nuisent au travail en renchérissant les produits dont il a besoin.

VIII

Ceci suffira. Nous ne saurions tenter la critique des divers systèmes socialistes, ni reprendre les problèmes économiques l'un après l'autre. En attendant les objections, essayons au moins de poser clairement notre thèse.

L'humanité ne subsiste que par un travail intense. Les seuls moyens de l'obtenir sont la contrainte extérieure, et l'intérêt personnel. L'application de la contrainte à l'industrie est impossible dans nos sociétés démocratiques, où nous ne trouvons pas la force capable de l'opérer. Elle suppose l'existence d'une classe armée, qui utilise à son profit les labeurs d'hommes désarmés. Tout effort pour constituer le travail sur une autre base que l'intérêt du travailleur irait nécessairement au rétablissement de l'esclavage. A supposer qu'il aboutit quelque jour par la connivence d'un peuple affolé, rien n'en pourrait sortir que la misère, le travail servile n'étant jamais aussi productif que le travail libre. Enfin ce travail forcé donnât-t-il à tous un pain suffisant, le système n'en serait pas moins détestable, puisqu'il empêcherait la masse humaine d'arriver à l'humanité pour la réduire à la condition des bêtes de somme. L'intérêt personnel doit donc rester le mobile essentiel du travail. Dès lors, tout ce qui tend à fortifier ce ressort et à lui donner un jeu plus libre est favorable au progrès économique et doit être recommandé, tout ce qui tend à l'affaiblir, à le comprimer est nuisible et doit être condamné. Telle est la maxime dont il faut partir, la règle qu'il faut appliquer avec une imperturbable conséquence, au mépris des indignations de la myopie philanthropique et des révoltes de la chair. Telle est la mesure suivant laquelle nous apprécions la valeur des caisses de prévoyance, des fondations charitables, et de la libéralité privée. Ne jamais oublier le but final, voilà ce qui importe avant toutes choses. Le but prochain sera d'adoucir quelques souffrances, au delà nous voyons en perspective une amélioration générale. Il s'agirait que chacun pût obtenir le pain du jour et la sécurité du lendemain, la vie de famille, au prix d'un travail sans excès. Il ne faut pas que l'empressement à soulager un mal partiel nous entraîne à des actes contraires au bien général, comme cette aumône de la porte et de la rue qui multiplie les mendiants au dépens du travail, en faisant de leur état une profession lucrative. Le cas est banal, mais il saute aux yeux, et pourtant la police n'est pas encore assez avisée, ou plutôt assez impartiale pour comprendre que si le mendiant peut être traité comme un délinquant, le donneur est son complice. On trouverait aisément mille autres exemples de ces torts faits au public par l'irréflexion ou la faiblesse des « bonnes gens. » Ces bonnes gens deviennent surtout dangereux lorsqu'ils disposent de l'argent d'autrui par autorité législative[1]. Le but final n'est pas le bien-être, le but c'est l'humanité, c'est d'amener le plus grand nombre possible, et finalement la multitude, à l'intelligence, à la prévoyance, à la possession de soi, à la dignité, à la liberté. Les mesures générales qui tendraient au bien-être du grand nombre en déchargeant

[1] Voy. H. Spencer, *L'individu contre l'Etat*. Paris, chez Alcan.

l'individu de ses devoirs n'iraient pas moins à contre-fin que les mesures qui font disparaître un mal local en le reportant sur l'ensemble de la société. En partant de ce point de vue, dont il est difficile de contester directement la justesse, on favorisera tout ce qui tend à grossir le nombre des propriétaires, car la propriété c'est la liberté ; on s'associera volontiers aux sacrifices consentis pour féconder l'épargne de l'ouvrier et pour lui inculquer la prévoyance ; mais on désapprouvera les mécanismes qui rendraient l'épargne obligatoire et la prévoyance inutile ; on se détournera des combinaisons qui diminueraient les avantages de la propriété en la grévant d'impôts excessifs, pour adoucir la condition matérielle des prolétaires sans leur donner les moyens de s'affranchir du prolétariat ; on se secondera, on suscitera les sociétés de consommation qui diminuent leurs frais d'entretien ; on encouragera par la sympathie et par le respect les chefs d'industrie qui élèvent la condition de leurs employés en leur facilitant l'acquisition d'une demeure ou en leur donnant quelque part aux bénéfices de la maison; on soutiendra de ses deniers, puisqu'on en a, les sociétés d'ouvriers qui voudraient s'établir à leur propre compte, lorsque leurs membres auront amassé par l'épargne de quoi payer la machine ou l'atelier, lorsqu'elles inspireront assez de confiance pour obtenir du crédit aux conditions ordinaires, lorsqu'elles trouveront dans leur sein un compagnon capable de diriger leurs opérations commerciales et qu'elles sauront l'attacher durablement à leur fortune en lui faisant d'équitables conditions. Avant tout on préparera le mouvement libérateur en relevant l'instruction générale et professionnelle; mais on ne voudra pas le hâter par des privilèges, et l'on refusera péremptoirement de créer une concurrence artificielle au travail des contribuables avec l'argent des contribuables.

Il est permis de l'affirmer sur la foi de l'expérience, un concours d'efforts dans le sens indiqué par ce qui précède, sur la base du droit actuel, de la propriété privée et du contrat libre, améliorerait sensiblement la condition générale des classes vouées au travail des bras, mais il ne saurait leur donner la sécurité.

Pour la réglementation par ordonnance, le socialisme d'Etat, son résultat le moins fâcheux serait d'augmenter le pouvoir de l'Etat au détriment de la liberté individuelle, c'est-à-dire au détriment du vrai progrès. La distribution scientifique du travail et du repos propre à donner la production maximale est une œuvre malaisée, parce que toutes les besognes manuelles ne sont pas également fatigantes. Et quant à régler la journée normale sur les besoins de l'ouvrier, au risque de restreindre la production, nous avons vu qu'on ne saurait y réussir sans une entente que la rivalité d'Etats indépendants rend bien difficile, car en l'absence d'un tel accord les pays qui auraient élevé le coût de leur production dans un intérêt d'humanité, verraient bientôt s'éteindre leurs feux, s'arrêter leurs roues et leurs populations chercher au dehors un morceau de pain.

Pour pouvoir fixer légalement le taux des salaires, il faudrait pouvoir tarifier les produits et procurer leur écoulement au prix arrêté. Certains ouvriers de Paris et d'ailleurs ont déjà fait sur ce sujet des expériences qu'ils finiront peut-être par comprendre. La grève est un bel instrument, mais il exige une main délicate. Coup sur coup, ils ont haussé le prix de leur travail par ce procédé, tant et si bien qu'ils ont ruiné leur industrie et que leurs patrons ferment leurs bureaux. Et quand les gouvernements, les patrons, les ouvriers parviendraient à s'entendre sur les tarifs, leur accord ne saurait garantir au travail des conditions stables, il ne surmonterait pas la force des choses, il ne supprimerait pas le goût du changement, les caprices de la mode qui favorise tel produit pour l'abandonner après quelque temps, il n'empêcherait pas le consommateur d'augmenter ou de restreindre sa demande suivant l'abondance ou la rareté des produits du sol.

Renonçons donc à poursuivre un absolu

que ce monde ne comporte pas. La sécurité parfaite, la parfaite égalité ne sont ni possibles, ni désirables. La sécurité, qui est un grand bien, ne s'obtiendrait qu'aux dépens du caractère, qui est un plus grand bien. L'égalité dans la jouissance n'est un besoin que pour l'envie. Indifférente à l'esprit fier, la réflexion ne tarde pas à voir qu'elle serait nuisible. Le but digne d'un effort généreux n'est pas le nivellement des conditions, mais un état de choses où la condition des moins fortunés serait acceptable. Si l'on ne peut y arriver qu'en élevant proportionnellement la condition du riche, ou même en accroissant les différences actuelles, ce n'est pas une raison pour s'arrêter ni pour chercher autre chose. Et réellement, il nous semble que, tout balancé, les grandes fortunes privées sont utiles aux sociétés qui les possèdent, malgré le mauvais usage qu'on en fait trop souvent; nous pensons qu'elles leur seraient d'un profit immense, si l'on en faisait généralement un meilleur usage. Les grandes fortunes permettent seules les grandes épargnes et peuvent seules courir sans inconvénient les dangers inséparables du progrès industriel, tandis que les petites économies servent principalement à subvenir aux nécessités des mauvais jours sans accroître le fonds social, car, lorsqu'ils se risquent aux aventures, les petits capitaux sont bientôt absorbés par les grands. Pour pouvoir donner quelque bien-être au grand nombre, il faut avant tout que la société soit riche. L'abondance des produits du sol en fait baisser le prix. L'importation qui nous la fait payer aujourd'hui par l'abaissement de la rente et la gêne des cultivateurs n'est qu'une ressource temporaire; pour assurer durablement cette abondance, il n'y a d'autre procédé qu'une culture intensive exigeant l'emploi de grands capitaux, et les capitaux ne se porteront vers la terre que s'ils ne trouvent pas ailleurs un emploi plus avantageux, le taux moyen de l'intérêt étant tombé fort bas en raison de leur affluence. L'accumulation du capital qui rendrait ainsi les champs plus fertiles, ouvrirait aux talents plus de carrières en rendant rémunératrices une foule d'entreprises utiles qui ne le seraient pas aujourd'hui. Tout en maintenant le bas prix du pain, elle ferait monter celui des journées et permettrait à l'ouvrier méritant de s'affranchir du salariat, en empruntant sur le gage aujourd'hui dédaigné de sa réputation personnelle. Cette accumulation profitable à tous ne peut se produire que par l'épargne sur les intérêts du capital constitué. Ainsi le riche sert efficacement la chose publique en thésaurisant pour son propre compte, quel que soit à cet égard le sentiment de la modiste, de la danseuse et du carrossier.

Moins considérable matériellement, l'épargne sur le salaire n'est pas appelée à jouer un moindre rôle dans le progrès social. Pour l'ouvrier, l'épargne est déjà la sécurité de la vieillesse, elle deviendrait, s'il le voulait, l'affranchissement du travail. La transformation désirable du salariat en propriété n'est possible que par l'instruction et par l'épargne. Si tels artisans, qui ont gagné longtemps et qui gagnent peut-être encore de sept à dix francs par jour, avaient généralement devant eux de quoi vivre pendant quelques mois, leur concours pacifique pourrait aussi bien contraindre les patrons à leur céder une part dans leurs ateliers, qu'à payer plus cher l'heure de travail. Sans doute, la petite industrie ne soutient pas la concurrence de la grande, ce qui empêche aujourd'hui l'émancipation des travailleurs isolés, mais l'association leur fournit les moyens d'une émancipation collective, pourvu que leur culture intellectuelle et morale les rende propres à l'association.

Cette émancipation pacifique, par des accords librement consentis, est la seule dont un homme de sens commun puisse concevoir la pensée. Il est trop évident que les procédés autoritaires tendant à déplacer le capital ou à le rendre moins profitable arrêteraient promptement l'écoulement des produits et rendraient ainsi la continuation du travail industriel impossible, sous quelque forme que ce soit. Ainsi l'objet du litige, la richesse, la possibilité du bien-être disparaitrait entre les mains des prétendants. Rien n'est plus clair, et pourtant on ne voit pas que le jour soit fait sur ce point dans les classes ouvrières. Dissiper les illusions trop naturelles qu'entretiennent soigneusement des ambitieux sans scrupule, faire pénétrer dans l'esprit de l'ouvrier les vérités économiques élémentaires est la condition préalable de tout progrès. Nous chercherons tout à l'heure comment on pourrait y parvenir. Il n'y a rien de plus important ni rien peut-être de plus difficile. Pour le moment nous supposons la lumière faite et ne parlons que de réformes amiables.

IX

On n'entreprendra pas l'examen un peu technique des institutions et des contrats par lesquels l'ouvrier laborieux, capitalisant l'excédant que son salaire doit lui laisser dans une condition du travail normale, deviendra co-propriétaire de l'usine et prendra sa part proportionnelle des gains et des pertes, après avoir eu quelque part aux gains seuls en qualité d'agent révocable. Il n'est pas besoin d'entrer dans le détail des combinaisons possibles pour se convaincre que les plus équitables et les plus ingénieuses n'amèneront pas au but cherché, si directement ou indirectement elles ne déterminent pas une production plus grande, ou si du moins leur mise en œuvre ne coïncide pas avec un tel accroissement. Il s'agit finalement d'enrichir l'ouvrier sans appauvrir le patron, puisqu'on n'admet que des arrangements librement consentis de part et d'autre. On ne saurait augmenter la part de l'un, dans un tout donné, sans rogner la part de l'autre; mais on peut diminuer la partie aliquote afférente à l'un sans diminuer son bénéfice effectif, moyennant que le tout à partager soit augmenté. C'est pourquoi les entrepreneurs qui intéressent leurs ouvriers à la production en leur accordant une part dans leurs bénéfices, ont jusqu'ici fait constamment de bonnes affaires. Qu'ils agissent par calcul ou par bienveillance, c'est indifférent quant au résultat. D'ailleurs ces deux mobiles ne s'excluent point. Quoi qu'il en soit, augmenter la part proportionnelle de l'ouvrier en augmentant la masse à partager : le problème à résoudre est là tout entier.

Sous le régime actuel de l'industrie, la production tend déjà d'une façon normale à s'élever et il le faut bien, car la population tend naturellement à s'accroître. On peut sans doute ralentir ce mouvement, l'arrêter même. Ce moyen de conserver la richesse des familles est fort employé, mais il n'est pas bon. Indépendamment de la question morale, article délicat sur lequel le confessionnal n'aurait pas pu capituler sans des instructions infaillibles, il suffit de rappeler après tant d'autres qu'un peuple qui n'augmente pas le nombre de ses défenseurs a pris son parti de l'asservissement. Laissons cela.

L'accroissement annuel du revenu dans les temps prospères, les arts pratiqués pour capitaliser ce revenu, bref, ce qui suffit tout juste à maintenir l'existence de nos sociétés dans leur voie actuelle n'est point assez pour leur faire atteindre un plan supérieur et pour changer leur niveau.

Il ne s'agit pas d'abolir la propriété privée ou d'en restreindre la puissance, car ce serait briser ou affaiblir le ressort du travail libre ; il s'agit d'universaliser la propriété et de porter au maximum le mobile intérieur du travail en y faisant voir l'agent du bien-être universel. A cet effet sont appelées à concourir l'épargne du riche et l'épargne du pauvre : l'épargne du riche pour multiplier les instruments du travail dans la proportion des nouveaux besoins, l'épargne du pauvre pour lui permettre d'acquérir ces instruments.

Ainsi le problème social se résout à l'examen en un problème de morale. Ce n'est pas l'opulence des uns, le dénuement des autres qui est le vrai danger; la misère est un effet de causes morales et ne peut trouver de remède que dans des réformes morales. Que le riche et le pauvre s'efforcent l'un et l'autre de connaître leur devoir pour le pratiquer et les réformes sociales se produiront d'elles-mêmes ; qu'ils persistent dans leur attitude actuelle et la société s'effondrera.

En elle-même, la richesse de quelques-uns, loin d'être un péril, est une ressource, l'unique ressource, car elle seule est capable de produire et de conserver des réserves. L'égalité des situations aurait pour effet, le maintien de cette égalité pour condition indispensable, l'égalité des recettes et des dépenses, la consommation totale des revenus, la disparition du capital. Le mal ne gît donc pas dans l'opulence d'un petit nombre, mais dans le mauvais emploi de cette opulence, dans l'oisiveté qui gaspille la première de toutes les forces, l'intelligence, dans la sottise inséparable de l'oisiveté, dans le faste qui engendre la haine, qui absorbe inutilement beaucoup de bras, détruit inutilement une grande partie des fruits du travail, et, d'une manière générale, ralentit, entrave, empêche l'augmentation de la fortune publique dont chacun finirait nécessairement par profiter et dont, à la considérer en elle-même, l'opulence privée serait l'agent le plus efficace. La misère reculerait évidemment si la richesse mieux employée rémunérait plus de travail. Elle reculerait surtout si le travail économisait la moitié des millions qu'il dépense journellement en liqueurs fortes. La prétendue loi suivant laquelle le salaire tend nécessairement à se réduire à l'entretien du travailleur est contraire à l'histoire, puisque le capital d'où sont tirés les salaires n'est que le résidu du travail des générations précédentes. Elle est contredite par les phénomènes du temps présent, où nombre de salaires laissent un superflu, généralement gaspillé dans la débauche. C'est bien plutôt les bénéfices du capital qui tendent, dans un pays libre, à s'abaisser au profit des salaires, jusqu'au point où l'industrie cesserait d'être lucrative pour l'entrepreneur. Les ouvriers qui, sentant le prix de la liberté, veulent devenir propriétaires, y réussiront au moyen de l'épargne, partout où leur salaire sera normal, et ce salaire normal, ils l'obtiendront partout où l'abondance des capitaux favorisera les entreprises et la demande de travail. Ainsi l'épargne du riche est le salut du pauvre et les lois qui découragent l'épargne du riche sont au détriment du pauvre.

X

Cependant, il ne suffit pas d'amasser, il faut s'entendre. Il faut que celui qui n'a rien comprenne qu'il ne saurait demander que la rémunération de son travail ; il faut qu'il respecte la justice. Il faut que le propriétaire comprenne que tout enfant a droit à la vie et s'efforce de lui faire obtenir son droit, quoiqu'il n'y soit pas tenu personnellement plutôt qu'un autre ; il faut qu'il s'applique à la charité. Tempérance, charité, justice, la force est là, le salut est là. Si les formules de la paix ne sont pas trouvées, elles se révéleront bientôt, lorsque chacun les cherchera dans l'esprit de paix. Et les vraies formules de la paix fussent-elles connues, elles ne sauraient servir à la paix sans la commune volonté de les appliquer.

Résumons-nous encore et concluons.

Au point où la culture intellectuelle du grand nombre s'est arrêtée, la démocratie cherche nécessairement, soit par les voies légales, soit par la violence, à obtenir une répartition de la richesse qui procure au travailleur une existence tolérable et la sécurité du lendemain. Ce problème est de sa nature insoluble, ou du moins les moyens de le résoudre ne se laissent point encore apercevoir. Il est insoluble parce qu'il est mal posé. La richesse à distribuer n'est point une réalité existante, comme le conçoit vaguement l'imagination populaire; elle se crée incessamment par le travail, et la première condition que doit remplir une distribution raisonnable des produits du labeur quotidien n'est pas de satisfaire aux exigences du consommateur, même les plus équitables et les plus modérées, c'est d'assurer la continuité de la production dans la mesure des besoins, lesquels tendent naturellement à s'accroître. Le mobile de cette production ne saurait être que la contrainte, c'est-à-dire l'esclavage, ou l'intérêt personnel du travailleur, qui suppose la propriété privée, l'hérédité, l'inégalité des fortunes, l'appropriation des outils et des usines, l'opposition du capitaliste, de l'entrepreneur et du salarié, en un mot tous les grands traits de l'organisation économique dont on se plaint. Aux souffrances de la classe ouvrière il ne peut être opposé que des palliatifs, des remèdes partiels, dont l'application utile suppose la confiance réciproque et le bon vouloir général.

Ce sont là des vérités aisément démontrables, qui peuvent être mises à la portée de la moyenne des intelligences. Il est urgent, il est d'une importance souveraine que les masses arrivent bientôt à les comprendre, à les accepter, à s'en pénétrer. Le salut de tous est à ce prix.

Mais pour que ces vérités élémentaires de l'économie, qu'il est si pénible de s'avouer, réussissent à se faire admettre, pour que leur évidence triomphe des illusions dont se bercent les classes souffrantes et dont on les enivre jusqu'à la fureur, il est indispensable, avant tout, que ceux qui connaissent ces vérités les enseignent et soient écoutés. Pour qu'ils puissent se faire écouter, il faut qu'ils inspirent de la confiance, il faut que le peuple croie à leur sincérité, à leur bonne foi. Pratiquement, la question sociale est là toute entière. Ceux qui essaient de prouver aux salariés la nécessité de se résigner au salariat aussi longtemps qu'ils n'auront pas acquis les instruments du travail par leur épargne sont naturellement soupçonnés de parler dans leur propre intérêt, et ce soupçon n'est pas sans fondement. Ils parlent réellement dans leur propre intérêt, mais ils parlent aussi dans l'intérêt de tous, et tout spécialement dans l'intérêt de la classe ouvrière, à laquelle ils s'adressent. Comment réussiront-ils à l'en convaincre? Ce n'est pas la supériorité de leurs raisonnements qui les fera triompher des utopies socialistes. Il s'agit de confiance. Pour gagner la confiance, il faut prouver qu'on la mérite, et cette démonstration ne saurait consister que dans des faits. Pour éteindre la haine sociale, la ressource unique est l'amour. La conservation de la société exige que la vérité économique pénètre dans la masse du peuple. Les seuls prédicateurs de la vérité qui aient chance de se faire entendre du peuple sont ceux qui lui auront prouvé, non par leurs discours, mais par leurs sacrifices personnels, par la teneur de toute leur vie, qu'ils lui sont entièrement dévoués, — prédication collective par des œuvres, par des fondations, prédication individuelle par la sollicitude et l'affection témoignées aux individus. — Il s'agit de porter la lumière dans les esprits les plus prévenus; pour cet effet, il faudrait dissiper leur défiance, conquête morale qui ne saurait être obtenue que par le contact des individus, au prix de grands efforts et de grands sacrifices. Il s'agirait pour la classe enviée de mettre son bon vouloir à l'abri du soupçon, comme nombre d'industriels ont déjà su le faire sous l'empire d'une conviction religieuse ou par une générosité naturelle plus habile que tous les calculs. Chacun sera écouté de ceux auxquels il aura fait du bien d'une manière assez persévérante pour qu'ils ne puissent pas révoquer en doute la sincérité de ses sentiments à leur égard. Grand est déjà le nombre des gens à leur aise qui comprennent leurs devoirs envers le pauvre et qui s'efforcent de les remplir. Ces hommes parfois dédaignés, la plupart inconnus, sont les meilleurs étais de notre maison ruinée ; ils retardent une catastrophe qui ne semble pas moins se rapprocher de jour en jour. Mais si le nombre en était décuplé, comme il pourrait l'être, si les amis du peuple s'appliquaient à l'instruire, tout en travaillant dans la mesure du possible à relever sa condition, le danger social serait conjuré, la question sociale serait résolue de la seule manière dont elle puisse l'être.

Nous ne saurions ni décrire ni prévoir toutes les formes sous lesquelles pourraient s'établir et s'établissent déjà ici et là ces rapports affectueux de la classe aisée et du populaire. Il n'en est pas besoin pour comprendre qu'un tel commerce entraînerait des dépenses dont la bourgeoisie, tout en respectant scrupuleusement la dignité de ses nouveaux amis, aurait à couvrir la plus grande part. La peur ne saurait remplacer l'amour, mais l'imminence du danger peut au moins faire réfléchir, et la réflexion conduire à l'intelligence de leurs devoirs quelques-uns de ceux qui travaillent aujourd'hui à envenimer la plaie par le mauvais emploi de leur fortune. Quelle que soit l'insuffisance des motifs intéressés à produire une véritable amélioration de l'ordre moral, il reste certain à nos yeux que toute possibilité d'apaisement et de progrès dans les relations sociales dépend d'un relèvement de la moralité moyenne dont l'initiative appartient nécessairement à la classe riche. Qu'elle se fasse d'abord pardonner sa richesse, ensuite elle pourra la justifier en en montrant l'utilité pour tout le monde. Mais qu'elle se hâte, et qu'elle cesse de compter sur la force, car elle n'en dispose plus.

XI

Vous trouvez ce sermon bien long, n'est-ce pas, bien ennuyeux, bien puéril, bien chimérique? Ennuyeux, le reproche n'est que trop juste; il me touche au vif, car je voudrais persuader. Puéril, banal, ceci n'est plus aussi grave ; ce qui va de soi pour quelques-uns aurait, suivant d'autres, grand besoin d'être démontré. Sans doute il est évident que si chacun faisait ce qu'il croit être bien, l'ensemble irait mieux ; néanmoins, il peut être bon de le rappeler et d'y insister. Résoudre la question sociale par la vertu, la belle recette! dites-vous sans doute ; les systèmes socialistes n'ont-ils pas tous pour objet de recueillir les fruits de la vertu, tout en se passant de la vertu, dont leurs auteurs ne disposent pas? Chacun ne sait-il pas que si l'homme apprend toujours et s'enrichit d'inventions merveilleuses, sa taille ne s'élève point, que ses poumons ne s'élargissent point, que ses jours ne s'allongent point et qu'il ne devient ni plus intelligent ni meilleur? Ainsi nos conseils seraient vides et notre logique aboutirait au désespoir.

Nous sentons douloureusement la force de cette objection : si, pour améliorer la condition matérielle des classes souffrantes il faut changer le cœur humain, autant dire que leur mal est sans remède et s'occuper d'autre chose. On s'y résignerait si l'on était libre, mais on ne l'est pas. Le malheur a droit sur nous. Nous sommes tenus de combattre le mal hors de nous comme en nous, sous toutes ses formes. Et nous ne nous plaignons pas de cette attache, le devoir n'est-il pas notre dignité, notre raison d'être? n'est-il pas notre être même? Nous devons travailler à résoudre la question sociale ; nous devons donc la considérer comme soluble. Nous voyons clairement que la misère actuelle ne saurait être adoucie si les hommes n'arrivent pas à une notion plus claire de leurs devoirs et ne travaillent pas mieux à les remplir ; nous devons donc au moins essayer de nous convaincre qu'ils en sont capables. Et réellement, en cherchant un peu, nous trouverons des raisons pour l'espérer. On s'abuse en croyant prouver par l'histoire que le niveau de la moralité moyenne est immuable ; il varie sensiblement, au contraire, au moins sur tels articles déterminés, suivant les temps et les lieux, et rien ne prouve que la supériorité d'un peuple en quelque cas soit balancée exactement par son infériorité sur d'autres. Dans nos pays soi-disant civilisés, il y a des villes où les jeunes femmes sortent seules à pied, même le soir, sans crainte d'être insultées par des inconnus, d'autres où d'honnêtes filles ne le pourraient pas, toute personne du sexe qu'on rencontre étant supposée abordable, jusqu'à preuve du contraire. Lorsqu'un journal de Londres annonça l'an dernier qu'on vendait de petites filles en Angleterre pour la consommation locale et pour l'étranger, on s'égaya fort de l'autre côté du canal à la pensée que la sanctimonieuse Albion, si prompte à voir la paille dans l'œil égrillard du voisin, avait de si gros péchés sur la conscience. Mais de semblables révélations faites à Paris sur les iniquités de Paris ou de Bordeaux auraient-elles produit la même indignation nationale, le même deuil national qu'en Angleterre ? C'est une question que nous nous bornons à poser. Il y a des administrations où tout s'achète, et où les marchés ne sont jamais conclus sans pot de vin; il y en a d'autres où les fonctionnaires ne reçoivent aucun présent et où le plus léger soupçon sur ce sujet serait une flétrissure indélébile. Il y a certains cantons où les portes des maisons n'ont pas de serrures, et d'autres où de hautes murailles, d'épais verroux et de gros chiens déchaînés dans les cours ne suffisent pas à garantir la sécurité d'une habitation isolée, détail qui, pour le dire en passant, ne laisse pas d'influer sur le prix des terres. Pareillement, il y a des populations qui épargnent sur d'assez maigres revenus, non loin d'autres qui travaillent bien, gagnent beaucoup, consomment beaucoup et ne font point d'économies. Si la littérature d'un peuple en reflète les mœurs, si l'on accorde quelque créance à ces ouvrages si nombreux et si goûtés qui se donnent aujourd'hui pour des miroirs de la vie réelle, on ne saurait douter qu'il n'y ait entre la moralité d'un peuple et celle d'un autre non seulement des nuances de coloration, des différences qualitatives, mais aussi des différences de valeur et de degré. La base de notre induction n'est guère contestée que par ceux qui se croient intéressés à la contester. La littérature nous apprend donc, ou nous fait au moins présumer fortement qu'il existe une échelle de moralité entre les nations contemporaines. La littérature et l'histoire nous attestent d'une manière irrécusable que, sur un fond permanent sans doute, les goûts, les passions, les caractères se sont modifiés durant le cours des âges, aussi bien que les croyances, les mœurs et les lois. L'histoire la plus récente, la mieux contrôlée nous permet d'assigner à l'influence d'individualités déterminées une partie au moins de ces changements. Ce n'est donc pas nécessairement une folie d'en appeler aux forces morales pour guérir ou pour adoucir un mal social, et ce n'est pas nécessairement perdre son temps que de chercher à réveiller ces forces morales.

La philosophie courante au XIXe siècle reconnaît les révolutions ou mieux, pour lui laisser son mot, l'évolution des penchants et des habitudes, sans toutefois encourager directement notre effort. A l'en croire, ce serait toujours aux variations du milieu, aux changements des circonstances, à des causes extérieures, à des forces impersonnelles, qu'il faudrait attribuer les modifications de l'esprit humain. L'individu serait toujours un effet, jamais une cause. Nous ne saurions nous ranger à cette opinion, qui nous semble jurer avec les prétentions de ceux qui l'avancent à la positivité scientifique. Une proposition scientifique se démontre par des faits palpables. Les causes impersonnelles, les lois fatales ne sont pas des faits palpables. Un changement de l'esprit public est un changement qui s'est produit dans les aspirations et dans les croyances du plus grand nombre des personnalités actives. Et si le caractère de ces personnalités est un effet de leur milieu, ce milieu lui-même consiste essentiellement dans les actions et dans les paroles d'autres personnes. Sans méconnaître l'influence des pressions matérielles résultant de causes physiques telles que l'accroissement naturel de la population par exemple, ni le rôle des conflits entre les nations, décomposables sans doute en actions individuelles, mais où les nécessités extérieures jouent un rôle important, il est impossible de méconnaître que les agents actifs dans la formation des individus sont essentiellement les individus dont ils procèdent ou qui les entourent. Tout, ou presque tout, dans l'histoire se résout en la réciprocité des actions individuelles; l'analyse du fait sensible ne donne rien au delà. Que le vice et la vertu soient des produits, comme le sucre et le vitriol, qu'agents apparents de l'histoire, purs symptômes en réalité, Charlemagne, Luther, Rousseau, Bonaparte résultent entièrement de causes externes, sans être les effets d'eux-mêmes à quelque degré que ce soit, c'est une simple hypothèse : que ces causes externes soient assignables, c'est une vaine prétention; mais que Bonaparte, Charlemagne, Rousseau, Luther aient agi, qu'ils aient modifié la condition extérieure, les sentiments, les opinions, les tendances de l'humanité, c'est le fait qui s'incruste en tout esprit informé par la tradition, c'est une évidence absolue dont on chercherait vainement à se débarrasser. Et si les grands hommes qui semblent mouvoir le monde ou modifier l'esprit humain ne font en réalité que concentrer et transmettre des impressions qu'ils ont reçues, c'est un puissant motif pour les petits de ne point considérer comme inutile la faible action qu'ils peuvent exercer, puisque leurs aspirations et leurs sentiments constituent précisément le milieu moral, la substance d'où sort le génie qui pourra donner une forme à ces aspirations et les féconder.

Il n'est donc pas absurde de s'imaginer que la difficulté sociale pourrait trouver dans quelques réformes des mœurs une imparfaite solution, la seule qu'elle comporte. Il n'est pas absurde de penser que telles réflexions soumises au public puissent contribuer à cet heureux résultat. Il n'est pas absurde d'émettre un avis sur ces matières même sans le talent qui l'imposerait à l'attention, parce que cet avis a chance de tomber sous les yeux d'un homme capable de l'adopter et de le mettre en lumière.

XII

Pour atteindre notre but prochain, pour éloigner une guerre sociale qui a déjà fait explosion plusieurs fois, et qui pourrait bien finir par nous enterrer sous les ruines, nous ne prétendons pas, d'une manière générale, changer le cœur de l'homme et proposer à son activité des mobiles tout nouveaux ; nous voudrions rendre nos contemporains attentifs à des faits qui les engageraient à modifier leur conduite à quelques égards, sous l'influence de leurs mobiles actuels, s'ils en tenaient suffisamment compte. Quelques-uns se règlent déjà sur ces faits bien connus, ils s'en trouvent bien personnellement et contribuent à détourner le danger qui nous menace ; quelques ouvriers, comprenant qu'il ne saurait y avoir de liberté qu'avec la propriété, ni dans le présent ordre économique, ni dans aucun ordre que ce soit, travaillent à devenir bourgeois et propriétaires ; quelques patrons généreux, ou simplement intelligents, convaincus qu'ils ont tout intérêt à contenter leurs ouvriers, s'efforcent, non seulement d'adoucir leur condition, mais de la fortifier et de l'entourer de garanties, tandis qu'à bon escient, ou sans y penser, ils entourent leur propre corps et leurs propres biens d'une garde d'amis fidèles pour les jours de sang et de feu. Il s'agirait simplement de multiplier assez le nombre de ces ouvriers et de ces maîtres prudents pour qu'ils arrivent à faire la mode, à donner le ton, à dominer l'opinion dans leurs classes respectives. L'égalité politique a déjà fait disparaître le faste des vêtements dans un sexe ; une éducation plus sérieuse amènerait naturellement une réforme pareille chez l'autre. D'autres genres de luxe disparaîtraient également au profit de la richesse commune si l'opinion des cercles influents se prononçait nettement contre eux. De même si l'opinion mettait à l'index les propriétaires qui laissent leurs champs en friche, elle pousserait au morcellement des domaines qui ne trouvent plus de fermiers, mais qui peuvent encore nourrir le cultivateur. Bref, sans entrer dans un détail qui nous retiendrait trop longtemps, et qui exigerait trop d'informations, disons encore une fois que si la civilisation paraît menacée dans ses fondements, le mal ne semble pourtant pas assez avancé pour qu'un ensemble de palliatifs administrés en temps utile ne suffise pas à le contenir. Mais le temps presse !

Les mesures législatives à conseiller varient d'un pays à l'autre; elles ne suffiront nulle part. Pour qu'elles soient adoptées, et pour qu'elles fonctionnent utilement, il faudrait des dispositions et des clartés morales que la loi ne saurait donner, et qui suppléeraient à l'insuffisance de la loi. Le salut social exige un changement volontaire dans la conduite individuelle, une révolution morale, mais cette révolution n'est pas en dehors de toutes les analogies de l'histoire. Il n'est pas besoin qu'elle soit universelle, ni très radicale ; elle ne suppose pas l'introduction de mobiles inconnus, mais le renforcement de certains mobiles par rapport aux autres, et surtout un accroissement de lumières et d'attention qui fasse mieux comprendre à chacun ce qu'exige son propre intérêt. Déjà les forces réparatrices travaillent à côté des puissances de destruction; faire prévaloir les premières est l'affaire des gens convaincus, agissant comme particuliers isolément ou dans des associations volontaires. Le salut ne saurait venir de l'Etat, l'Etat n'a pas le dépôt de révélations surnaturelles, l'Etat ne peut agir sur les convictions et sur les sentiments que d'une manière indirecte, lente, et très exposée à tourner à contre-fin. Mais surtout l'eau ne s'élève pas au-dessus de sa source, l'Etat démocratique ne peut revêtir de la forme impérative que les désirs du grand nombre, tels qu'ils résultent des lumières, des besoins, des passions et des préjugés du grand nombre. La tendance naturelle du grand nombre serait d'égaliser les conditions par les moyens les plus courts. Il n'en veut pas à la propriété comme telle, car il y participe ou la convoite; mais il en veut à ceux qui lui semblent posséder trop, et dans le but d'égaliser il pousse à des mesures légales propres à tarir les sources de la richesse publique. La démocratie va dans ce sens à peu près partout. Si ce courant ne change pas, il est inconcevable qu'elle ne finisse pas par aboutir. Si les classes souffrantes ne parviennent pas à faire prévaloir leurs volontés en forme constitutionnelle, elles s'efforceront de prévaloir par la violence, tentatives dont la répression menace la liberté, redouble la haine, et ne réussira peut-être pas toujours à conjurer une catastrophe où la civilisation s'engloutirait. On réprime, c'est-à-dire on écrase; mais au bout de vingt ans, c'est à recommencer. Etes-vous certains que le peuple des casernes se prête à massacrer indéfiniment le peuple de la rue, dont il est sorti la veille, et dont les sentiments sont les siens? Il ne suffit donc pas de comprimer l'incendie, il faut l'éteindre, il faut calmer les passions en faisant briller la lumière. Il faut éclairer le grand nombre sur son intérêt véritable; mais pour l'éclairer, il faut s'en faire écouter, et pour obtenir sa confiance, il faut l'aimer. La solidarité des intérêts, que tout aujourd'hui semble obscurcir, ne peut devenir manifeste que par le concours des affections. Pour affermir l'ordre social, il faut en cicatriser les blessures, il faut en corriger les défauts les plus choquants; ce double résultat dépend d'une modification des mœurs et des sentiments de la classe la plus nombreuse qui ne peut être déterminée elle-même que par l'attitude et la conduite de la classe la plus aisée et la moins nombreuse. Une réforme intérieure est le moyen unique et suffisant de détourner le danger matériel, la question économique se résout dans la question morale[1].

Qu'on nous comprenne bien : nous ne voulons point dire qu'il n'y ait rien à changer dans nos codes et dans la forme habituelle des contrats. La société actuelle ne nous semble ni la seule possible, ni la meilleure ;

[1] Sur les devoirs des riches, sur les motifs d'intérêt qui les pressent de s'en acquitter et sur quelques moyens de le faire, on lira avec fruit l'excellent travail de M. G. Picot, *les Logements d'ouvriers*. Paris, chez Calmann-Lévy.

nous ne disons pas comme Agénor de Gasparin : « La société est faite, et n'est point à faire ; » nous voyons distinctement, au contraire, que la société se fait et se défait tous les jours. L'injustice du régime actuel est à nos yeux manifeste. Faibles devant les misères méritées par l'inconduite et l'imprévoyance, nos lois et nos mœurs sont iniques envers l'enfant qui naît sans protecteur et sans héritage. Le problème le plus délicat sera sans doute de rendre justice à l'enfant, sans encourager par là l'inconduite et l'imprévoyance chez les adultes. Mais tout difficile que soit le problème, il faut l'aborder, et c'est déjà quelque chose de l'avoir défini.

Moyennant une réserve, la réforme sociale nous paraît désirable ; et nous la jugeons possible sous une condition :

La *réserve*, c'est la liberté. Il n'y a de société viable et digne de l'homme qu'une société fondée sur la liberté du travailleur, sans autre contrainte positive que les contraintes intérieures de l'intérêt personnel et de l'amour.

La *condition* de la réforme sociale, c'est la confiance réciproque des classes appelées à réviser leurs accords. L'antagonisme actuel ne peut rien produire. Cette confiance réciproque ne peut résulter que d'un changement de point de vue, d'attitude et de dispositions. Tant que le capitaliste se croira le maître et ne se reconnaîtra pas débiteur, tant qu'il n'aimera pas l'ouvrier, dont il sait n'être point aimé, il n'acceptera aucune réforme sérieuse, incisive, efficace. Et si l'ouvrier, sans avoir vaincu sa haine, entre dans la place à coups de fusil ou de bulletin, il manquera le but en le dépassant, il détruira de sa main violente l'organisme du travail qu'il ne comprend pas et centuplera sa propre misère. Une réforme salutaire ne saurait avoir lieu que par voie d'entente. Il faut donc avant tout éteindre les haines, désarmer la défiance pour pouvoir éclairer le peuple sur ses intérêts et sur la limite de ses droits. Et l'initiative ne saurait être prise que par les riches, qui n'ont aucun sujet de haïr, quoi qu'ils aient peut-être lieu de craindre. Qu'ils s'adressent au cœur de l'ouvrier par des procédés affectueux et par des bienfaits solides, ils y parviendront, car plusieurs l'ont fait. Qu'ils suivent tous, ou sinon tous, le plus grand nombre, un très grand nombre tout au moins, l'exemple qu'une minorité d'entre eux leur donne avec tant de succès. Qu'ils comprennent et qu'ils remplissent sincèrement leur simple devoir envers la classe ouvrière; alors ils pourront en être écoutés lorsqu'ils essaieront de lui faire entendre quels sont ses devoirs envers elle-même. En se refusant les jouissances de la vanité dans l'intérêt de la charité, ils lui enseigneront l'économie. Quand la confiance et la bienveillance domineront dans les rapports, quand la réforme morale sera accomplie, imparfaitement sans doute, mais réellement, alors, et seulement alors, on pourra faire adopter des lois plus justes et les observer une fois adoptées.

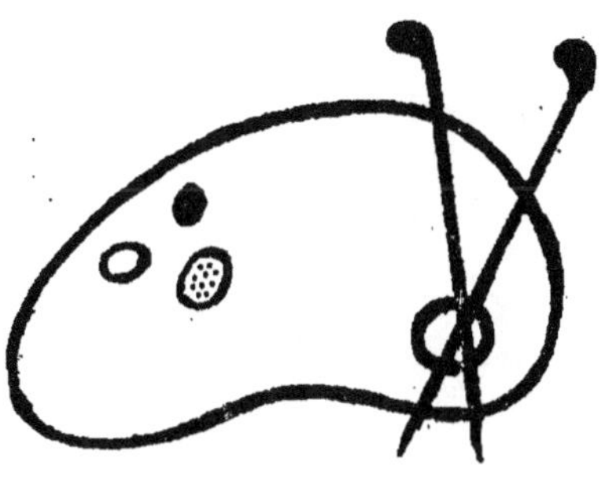

www.ingramcontent.com/pod-product-compliance
Lightning Source LLC
LaVergne TN
LVHW020405230826
846091LV00004B/1158

* 9 7 8 2 0 1 1 9 4 5 6 9 3 *